Espumas

Thuri Maag

Espumas

Schäume und Mousses

© 2008 Fona Verlag AG,
5600 Lenzburg

Lektorat
Léonie Haefeli-Schmid

Gestaltung Cover
(Reihencharakter)
Dora Eichenberger-Hirter,
Birrwil

Gestaltung Inhalt
FonaGrafik,
Petra Niederberger

Bilder
Andreas Thumm,
Freiburg i. Br.

Druck
Kösel, Altusried-Krugzell

ISBN 978-3-03780-362-2

Inhaltsverzeichnis

Einführung
Die Welt der Schäume 8
Praxis 10

Getränke
Sommer-Cocktail
    mit Rosenblütenschaum 14
Morgenmuffeltee mit Minzeschaum 15

Suppen
Falsches Bier 18
Bärlauchsüppchen, step by step 20
Spargelschaumsüppchen 22
Kalte Tomatensuppe mit
    scharfem Tomatenschaum 24
Pilzschaum 26
Sellerieschaumsüppchen mit Trüffel 27

Vorspeisen
Roquefortschaum im Parmesankörbchen
    mit Birnen und roten Nüssen 30
Forellenschaum 32
Gelber Peperonischaum 33
Grüne Spargel-Chartreuse
    mit Mandarinenschaum 34
Meerrettichschaum im Gurkenbecher
    mit Räucherlachs 36
Blaue Stampfkartoffeln mit Milchkaffee-
    schaum, step by step 38
Rucolamousse
    mit geräucherter Gänsebrust 40
Lauwarmer Pilzcocktail
    mit Trüffel-Zabaione 42
Grüne Spargelmousse 44

Hauptgerichte
Zandermousse-Gugelhupf
    mit Bärlauchschaum 48
Speckschaum im Brotring,
    mit Bärlauch und Morcheln 50
Kartoffelschaum in der blauen Kartoffel 52
Carbonaraschaum
    im Kräuter-Spaghetti-Nest 54

Desserts
Karottenschaum mit Ingwer 58
Bananenschaum
    in der Schokobanane 60
Erdbeermousse mit Beerengrütze 62
Himbeerschaum
    mit gemischten Beeren 64
Maronischaum mit Sauerkirschen
    und Meringue 65
Orangenschaum auf Orangenfilets
    und Limettensorbet, step by step 66
Klassische Schokomousse, step by step 68
Passionsfruchtmousse
    mit exotischen Früchten 70
Rhabarbermousse 71

Register 72

Abkürzungen
EL   gestrichener Esslöffel
TL   gestrichener Teelöffel
dl   Deziliter
ml   Milliliter
Msp Messerspitze

Einführung

Die Welt der Schäume

Es war der große Ferran Adrià, welcher den Namen Espuma (Schaum) für eine Kochkunst geprägt und der diese Technik erstmals in seinem Restaurant «elBulli» in Katalonien praktiziert hat. Heute kann zu Recht behauptet werden, dass Adrià nicht nur Espuma berühmt gemacht hat, sondern Espuma auch Adrià. Dank dieser und anderer neuartiger Kochtechnologien verwandelte sich das «elBulli» von einem unscheinbaren Lokal in einer abgelegenen Bucht der Costa Brava zu einer Pilgerstätte für Feinschmecker aus nah und fern. Viele Gourmets behaupten sogar, der Drei-Sterne-Koch Ferran Adrià habe bereits einen ähnlichen Stellenwert in der kulinarischen Geschichte wie Auguste Escoffier oder Paul Bocuse. Tatsache ist: «elBulli» kennt man in der ganzen Feinschmeckerwelt – und damit auch die Espumas (Schäume)!

Das Wort «Espuma» stammt aus dem Katalanischen und bedeutet als «Schaum». Espumas sind leichte, köstliche Schäume, von denen man sagt, sie ließen die «Seele» eines Lebensmittels erst richtig schwingen. Für die Schöpfung «Espuma», welche heute «in aller Munde ist», war neben dem Genie Ferran Adrià ein zweiter Faktor wesentlich: die Geräte aus den Häusern iSi und Kisag. In den Geräten, auf welche die handelsüblichen Rahm-/Sahnekapseln aufgeschraubt werden können, entstehen im Handumdrehen aus Pürees, Cremes, Extrakten, Säften und Coulis die verführerischen Schäume. Ausgangsprodukte sind Früchte, Gemüse und Kräuter, aber auch Fleisch, Fisch, Meeresfrüchte und Milchprodukte.

Die Zubereitung der Schäume basiert auf der einer traditionellen Mousse. Im Gegensatz zur Mousse bleibt das natürliche Aroma der Grundzutaten bei den Schäumen aber wesentlich besser erhalten, weil nur kleine Mengen von Rahm/Sahne oder Eiern verwendet werden – und somit keine oder nur wenige Zutaten, welche das natürliche Aroma «beeinträchtigen» können. Je nach Lebensmittel wird wenig Gelatine oder ein anderes Bindemittel eingesetzt.

Die Schaum-Technik schont die Vitamine und Mineralstoffe. Auch die natürlichen Farben bleiben optimal erhalten. Die Schäume sind zudem sehr «ökonomisch»: Dank dem Volumen gibt es mehr Portionen und durch die lange Haltbarkeit keine Reste.

Der Schaum hat je nach Anteil von Gelatine, Fett, Eiweiß oder Stärke und je nach Kühlzeit eine unterschiedliche Konsistenz. Er kann fest wie eine Mousse sein oder weich wie eine Creme.

Praxis

Die luftig leichten Schäume können aus den verschiedensten Lebensmitteln hergestellt werden. Das Geschmacksspektrum ist unerschöpflich: mal süß, mal pikant, mal sauer – alles ist möglich. Wie kann man eine Masse ohne Eier binden und trotzdem eine gewisse Festigkeit erreichen? Bestimmt kennen Sie den Rahmbläser/Sahnesiphon. Ferran Adrià, der Schaumkünstler schlechthin, entwickelte mit der Firma iSi den Siphon weiter, indem die Ventilöffnung leicht vergrößert wurde, damit in der Flüssigkeit enthaltene Feststoffe (Partikel) die Düse nicht verstopfen können. Auch beim Kisagbläser (Schweiz) wurden entsprechende Anpassungen gemacht. Auch alte Modelle eignen sich für die Herstellung kalter Schäume.

Stabilität

Für eine längere Stabilität der Masse wird ein wenig Gelatine eingesetzt. Diese Technik eignet sich auch hervorragend für warme Speisen wie beispielsweise Schaumsaucen und Schaumsuppen, aber auch für ein luftiges Kartoffelpüree.

Warmen Schaum binden

Für einen warmen Schaum benötigt man Stärke, wie sie natürlicherweise Kartoffeln, Knollensellerie, Karotten und Kastanien enthalten, oder Eier.

Öl

Bei der Mayonnaise oder der Sauce Hollandaise kann der Ölanteil reduziert werden, was sie leichter und bekömmlicher macht.

Passieren

Inhalt immer fein passieren (Haarsieb), damit die Düse nicht verstopft, was zu einer bösen Überraschung und zu einem Großputz führen könnte.

Schaumfestigkeit

Wenn die Masse zu heiß ist (über 68 °C), bekommt man eine schaumige Sauce. Für einen festen, warmen Schaum muss die Flasche unter öfterem Schütteln heruntergekühlt werden.

Haltbarkeit/Lagerung

In den Rahmbläser/in die Siphonflasche heiß eingefüllte Flüssigkeiten verhalten sich ähnlich wie eine Konserve. Sie sind im Kühlschrank ohne weiteres zwei Wochen haltbar. Die Siphonflasche liegend lagern!
Vor dem Spritzen die Flasche zum Ventil hin mit einem kräftigen Ruck gut schütteln. Zur Probe eine kleine Menge senkrecht in ein höheres Gefäß spritzen, um die Konsistenz zu prüfen. Schaum in die Gläser/Tassen oder Teller spritzen. Sofort servieren.

Suppen und Saucen

Selbstverständlich eignen sich die Schäume auch hervorragend für die warme Küche, speziell für Suppen und Saucen.
Bei jeder Portion aus der Flasche erhält man eine lockere A-la-minute-Sauce. Man hat weder ein Verkrusten noch ein Einkochen noch das Bilden einer Haut zu befürchten.

Einführung

Getränke

Sommer-Cocktail mit Rosenblütenschaum

für 4 Personen

Limettenkonzentrat
2½ dl/250 ml Limettensaft
1¼ dl/125 ml Rosen-
blütensirup

Rosenblütensirup
1½ kg Zucker, 1 l Wasser
½ Zitrone, Saft
1 TL Zitronensäure
150 g abgezupfte Rosenblü-
tenblätter
von unbehandelten
Duftrosen

Rosenblütenschaum
½ dl/50 ml Rahm/Sahne
1½ dl/150 ml
Rosenblütensirup
3 dl/300 ml Wasser
1 Prise Zitronensäure
5 ml Rosenwasser
(Drogerie)

Apfelsaft
kohlensäurehaltiges
Mineralwasser
fein geschnittenes
Basilikum,
nach Belieben

1 Für den Rosenblütensirup Zucker, Wasser, Zitronensaft und Zitronensäure aufkochen, Rosenblüten-
blätter zugeben, erhitzen, den Topf von der Wärmequelle nehmen, Sirup 10 Minuten ziehen lassen.
Durch ein Sieb oder ein Tuch passieren, in Flaschen
mit Schraubverschluss oder in Bügelflaschen
füllen, sofort verschließen.

2 Für den Rosenblütenschaum alle Zutaten aufkochen, in eine Siphonflasche oder einen Rahmbläser von ½ l Inhalt füllen. 2 NO_2-Patronen
laden. Im Kühlschrank etwa 12 Stunden gut durchkühlen lassen.

3 Limettensaft und Rosenblütensirup verrühren.
In eine Flasche mit Schraubverschluss füllen. Das
Konzentrat ist im Kühlschrank lange haltbar.

4 In jedes Champagnerglas einen Eiswürfel geben.
Ein Drittel hoch mit dem Limettenkonzentrat
füllen. Mit halb Apfelsaft/halb Mineralwasser
auffüllen. Basilikumblättchen dazugeben. Rosenblütenschaum daraufspritzen.

Bild Seite 12

Morgenmuffeltee mit *Minzeschaum*

für 8 Personen

**1 Bund Minze
4 dl/400 ml Wasser
60 g Zucker
3 Gelatineblätter,
in Wasser eingeweicht**

1. Morgenmuffeltee gemäß Packungsbeschreibung zubereiten.

2. Minze in ein hohes Gefäß oder ein Litermaß füllen. Das Wasser mit dem Zucker aufkochen und zur Minze geben, 5 Minuten ziehen lassen. Durch ein feines Sieb passieren. Die Gelatine zugeben, unter ständigem Rühren auf Eiswasser auskühlen lassen.

3. Die Minzeflüssigkeit in eine Siphonflasche/in einen Rahmbläser von ½ l Inhalt füllen. 2 NO_2-Patronen laden. Im Kühlschrank etwa 12 Stunden gut durchkühlen lassen.

4. Den Morgenmuffeltee mit Eiswürfeln in hohe Gläser füllen, festen Minzeschaum daraufspritzen. Mit einem Strohhalm servieren.

Morgenmuffeltee
Die Teemischung ist im Handel erhältlich. Sie setzt sich aus getrockneten Apfelstückchen, Hagebuttenschalen, Hibiskusblüten und Zitronenschalen zusammen.

Suppen

Falsches Bier

für 4 Personen

Klare Sauerkraut-Zitronengras-Suppe
¾ l Wasser
2½ dl/250 ml Roséwein
35 g Gemüsebrühepaste
1 große Zwiebel
300 g gekochtes Weinsauerkraut oder Sauerkraut
2 Zitronengrasstängel, gequetscht

Meerrettichschaum, Seite 36

1 Die Zwiebel ungeschält halbieren, Schnittflächen in einer rauchend-heißen Gusseisenpfanne schwärzen.

2 Die Zutaten ohne das Zitronengras in einen Topf geben, unter öfterem Rühren aufkochen. Sobald die Brühe kocht, die Hitze reduzieren, nicht mehr rühren. Etwa 30 Minuten leicht köcheln lassen. Erst nach 25 Minuten die gequetschten Zitronengrasstängel beifügen. Den Topfinhalt durch ein feines Baumwolltuch (Passiertuch) abgießen.

3 Die lauwarme klare Suppe zu drei Vierteln in Biergläser füllen, den Meerrettichschaum daraufspritzen. Sofort servieren.

Tipps
Noch klarer wird die Suppe, wenn man gleich zu Beginn 4 Eiweiß zugibt. Das falsche Bier serviere ich gerne als Aperitif. Die Gäste sind davon stets sehr angetan. Eine Brezel passt gut dazu.

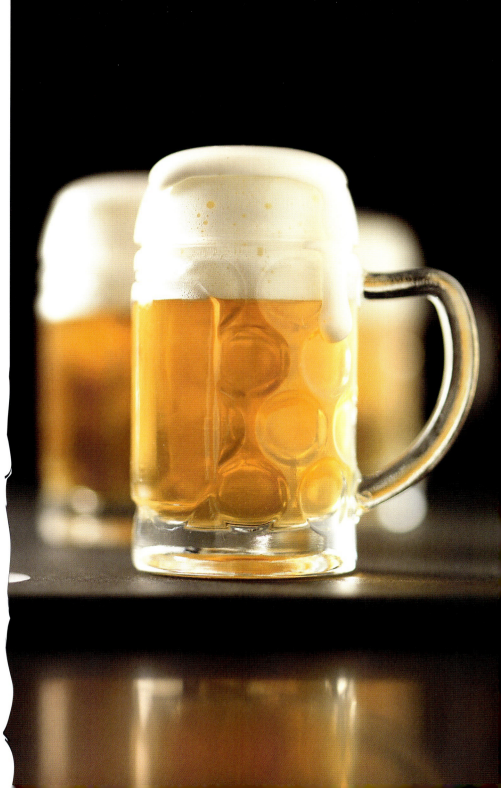

Bärlauchsüppchen

für 8 Personen

75 g Butter
50 g Zwiebeln, grob gehackt
1 TL Meersalz
wenig frisch gemahlener schwarzer Pfeffer
½ l Gemüse- oder Hühnerbrühe
250 g mehlig kochende Kartoffeln, geschält, grob gewürfelt
100 g Bärlauch
1 dl/100 ml Rahm/Sahne

1. Zwiebeln in der Butter bei schwacher Hitze 5 Minuten dünsten, gleich am Anfang mit Salz und Pfeffer würzen, Gemüsebrühe und Kartoffeln zugeben, erhitzen, 20 bis 25 Minuten köcheln.
2. Bärlauch beigeben, unter Rühren aufkochen.
3. Die Suppe mit dem Stabmixer oder im Mixbecher pürieren.
4. Die Suppe durch ein Spitzsieb passieren.
5. Die Suppe in die Pfanne zurückgeben.
6. Den Rahm zugeben, aufkochen.
7. Die Suppe durch ein feines Haarsieb passieren.
8. Das Bärlauchsüppchen in eine Siphonflasche/in einen Rahmbläser von ½ l Inhalt füllen.
9. 2 NO_2-Patronen laden. Die Siphonflasche/den Rahmbläser in heißem Wasser bis zum Gebrauch warmhalten.

Tipp
Bringen Sie die Frühlingsstimmung auf den Tisch, indem Sie die Untertassen mit essbaren Kräutern und Blüten garnieren.

Suppen

20 | 21

Spargelschaumsüppchen

für 8 Personen

60 g Butter
40 g Zwiebeln, fein gewürfelt
Salz
frisch gemahlener Pfeffer
1 TL Zucker
500 g weißer Spargel
150 g mehlig kochende Kartoffeln, geschält, klein gewürfelt
2½ dl/250 ml Wasser oder Geflügelbrühe
½ dl/50 ml Rahm/Sahne

1. Die Schnittstelle beim Spargel abschneiden. Den Spargel mit dem Sparschäler schälen, bis alle grobfasrigen Teile entfernt sind. Die Spitzen etwa 3 cm lang abschneiden. Spargelstangen in 1 cm lange Stücke schneiden.

2. Zwiebeln in der Butter bei schwacher Hitze 5 Minuten dünsten, ohne dass sie Farbe annehmen, mit Salz, Pfeffer und Zucker würzen. Spargelstücke (etwa 250 g) und Kartoffelwürfel beigeben, mit der Geflügelbrühe auffüllen. Spargelspitzen zugeben, etwa 5 Minuten mitkochen, dann herausnehmen und warm stellen. Die Brühe mit den Spargelstücken 20 Minuten bei schwacher Hitze kochen. Den Topfinhalt mixen, durch ein feines Haarsieb in den Topf passieren, den Rahm unterrühren, abschmecken.

3. Spargelcreme in eine Siphonflasche/in einen Rahmbläser von ½ l Inhalt füllen. 2 NO_2-Patronen laden. Siphonflasche/Rahmbläser im heißen Wasser bis zum Gebrauch warmhalten.

4. Die Spargelspitzen in Gläser verteilen. Spargelschaumsüppchen daraufspritzen. Sofort servieren.

Tipp
Mit einem Blätterteiggebäck servieren.

Suppen

22 | 23

Kalte Tomatensuppe mit scharfem *Tomatenschaum*

für 8 Personen

ca. 1,4 kg reife Fleischtomaten (für den Tomatenschaum und die kalte Tomatensuppe)

Tomatenschaum
400 g pürierte, passierte Tomaten, siehe Punkt 1
1 EL Peperonciniöl
2 Eiweiß, ca. 80 g
Salz

Kalte Tomatensuppe
400 g pürierte, passierte Tomaten, siehe Punkt 1
2 EL (40 g) Ketchup
1 dl/100 ml Basilikumöl oder Olivenöl extra vergine
½ Knoblauchzehe, durchgepresst
1 EL Zucker
2 EL Himbeer- oder Rotweinessig
Salz
frisch gemahlener Pfeffer

Olivenöl extra vergine

1 Den Stielansatz der Tomaten ausstechen, Tomaten achteln, mit dem Zauberstab oder im Mixer pürieren. Durch ein feines Haarsieb passieren.

2 Die Zutaten für die kalte Suppe kurz mixen, mit Salz und Pfeffer abschmecken.

3 Für den Tomatenschaum alle Zutaten mit dem Schneebesen gut verrühren. Die Tomatenmasse in eine Siphonflasche/in einen Rahmbläser von ½ l Inhalt füllen und 2 NO_2-Patronen laden. Flasche für etwa 10 Minuten in das maximal 68 °C warme Wasser stellen. Ab und zu kräftig schütteln.

4 Die kalte Tomatensuppe in Gläser füllen, wenig Olivenöl darübergeben, Tomatenschaum daraufspritzen. Sofort servieren.

Peperonciniöl
100 g rote Peperoncini entstielen und kleinschneiden, in ein Einmachglas füllen. 3 dl/300 ml Olivenöl extra vergine dazugeben. Einen Tag stehen lassen. Absieben, in eine dekorative Flasche füllen. Beschriften.

Pilzschaum

für 8–12 Personen

30 g getrocknete Morcheln
1 EL Butter

1 TL Butter
1 TL in Öl eingelegte Schalotten, Seite 42
200 g Champignons oder gemischte Waldpilze, geputzt, zerkleinert
1 EL Pilzsalz
frisch gemahlener schwarzer Pfeffer
5 g Hühnerbrühepaste oder gekörnte Brühe
1½ dl/150 ml Weißwein
ca. ½ l Morchelwasser
20 g Mehlbutter (Butter und Mehl zu gleichen Teilen leicht verkneten)
2½ dl/250 ml Rahm/Sahne

1. Die getrockneten Morcheln in lauwarmem Wasser mindestens eine Stunde einweichen. Pilze herausnehmen und von Hand leicht auspressen. Das Einweichwasser durch ein Sieb passieren und einige Zeit stehen lassen, damit sich der Sand setzen kann. Vorsichtig in eine andere Schüssel umgießen, sodass der Sand und die Trübstoffe in der ersten Schüssel zurückbleiben (wie beim Dekantieren eines Weines). Die Morcheln der Länge nach halbieren und waschen, bis sie sandfrei sind.

2. Das Einweichwasser der Morcheln mit Wasser auf ½ l ergänzen.

3. Die Champignons mit den Schalotten in der heißen Butter kurz dünsten, mit Pilzsalz, Pfeffer und Hühnerbrühepaste würzen, mit dem Weißwein und dem Morchelwasser ablöschen, aufkochen, etwa 10 Minuten köcheln lassen. Pürieren. Pilzsuppe aufkochen, Mehlbutter krümelig dazugeben, Suppe unter Rühren binden, Rahm zugeben, 5 Minuten köcheln lassen.

4. Pilzsuppe durch ein feines Haarsieb passieren. ½ l Suppe in die Siphonflasche/den Rahmbläser von ½ l Inhalt füllen. 2 NO_2-Patronen laden.

5. Die Morcheln in der Butter kurz dünsten, in vorgewärmte Suppentassen füllen. Pilzschaum daraufspritzen.

Pilzsalz

70 g gemahlene getrocknete Steinpilze mit 350 g feinem Meersalz mischen. In einem Glas mit Schraubverschluss aufbewahren.

Sellerieschaumsüppchen
mit Trüffel

für 8 Personen

20–30 g weiße oder schwarze Trüffel, je nach Budget, oder wenig Trüffelöl

Sellerieschaum
200 g Knollensellerie
100 g mehlig kochende Kartoffeln
1½ dl/150 ml Kochwasser der Kartoffeln
½ dl/50 ml Rahm/Sahne
Salz

1 Knollensellerie und Kartoffeln schälen, in kleine Würfel schneiden, beides im Salzwasser weichkochen, abgießen und das Kochwasser auffangen.

2 Sellerie und Kartoffeln in einen Mixbecher oder in ein Litermaß füllen, 1½ dl/150 ml Kochwasser und Rahm beifügen, mit dem Stabmixer/Zauberstab pürieren. Abschmecken. Selleriesüppchen durch ein feines Haarsieb passieren.

3 Selleriesüppchen in eine Siphonflasche/in einen Rahmbläser von ½ l füllen und mit restlichem Kochwasser auf 500 g/½ l ergänzen. 1 NO_2-Patrone laden.

4 Sellerieschaumsüppchen in vorgewärmte Tassen spritzen, die Trüffel darüberhobeln oder einige Tropfen Trüffelöl darüberträufeln. Sofort servieren.

Tipp
Die einfachste und schnellste Art, einen Schaum herzustellen ist, wenn man die Siphonflasche auf eine Waage stellt, Tara drückt, die Masse einfüllt und die Flüssigkeit auf 500 g ergänzt.

Vorspeisen

Roquefortschaum

im Parmesankörbchen mit Birnen und roten Nüssen

für 8 Personen

Roquefortschaum
75 g Roquefort
200 g saurer Halbrahm/
saure Sahne
1 dl/100 ml Rahm/Sahne
100 g Eiweiß (3 Eiweiß)
wenig Salz

für 8 Stück

Parmesankörbchen
100 g geriebener Parmesan
oder Sbrinz
20 g Weißmehl

25 g Roquefortwürfelchen
für die Garnitur
2 feste Birnen
8 Baumnuss-/Walnuss-
kerne, vorzugsweise
rote Donaunüsse
(pro specie rara)

1 Für die Parmesankörbchen den Parmesan und das Mehl mischen. Einen runden Ausstecher von 11–12 cm Durchmesser in eine aufgeheizte, beschichtete Bratpfanne stellen. Käse-Mehl-Gemisch in den Ring streuen und goldgelb backen, wenden, auf ein umgedrehtes Glas legen, andrücken und leicht auskühlen lassen.

2 Für den Roquefortschaum alles mixen, durch ein feines Haarsieb passieren. Käsemasse in eine Siphonflasche/einen Rahmbläser von ½ l Inhalt füllen und 1 NO_2-Patrone laden.

3 Je ein Parmesankörbchen auf jeden Teller legen. Den Teller mit Birnenspalten, Nüssen und Roquefortwürfelchen garnieren. Den Parmesanschaum in die Körbchen spritzen.

Vorspeisen

Forellenschaum

für 8 Personen

1½ dl/150 ml Fischfond (Feinkostladen)
125 g geräuchertes Forellenfilet, zerkleinert
½ dl/50 ml Weißwein
100 g saurer Halbrahm/ saure Sahne
1½ dl/150 ml Rahm/Sahne
Salz
frisch gemahlener Pfeffer

1. Den Fischfond erwärmen, geräucherte Forelle und Weißwein zugeben, mit dem Stabmixer/Zauberstab pürieren. Fischmasse durch ein Spitzsieb passieren. Restliche Zutaten unter die Fischmousse rühren, mit Salz und Pfeffer abschmecken.

2. Fischmasse in eine Siphonflasche/einen Rahmbläser) von ½ l Inhalt füllen. 1 NO_2-Patrone laden.

Tipp
Den Forellenschaum mit geräucherten Forellenfilets und einem bunten Salat servieren. Man kann den Schaum auch in einen Gurkenbecher spritzen, Seite 36, was sehr dekorativ aussieht.

Gelber Peperonischaum

für 8 Personen

**250 g gelbe Peperoni/
Paprikaschoten
½ dl/50 ml Olivenöl
extra vergine
½ dl/50 ml Orangenöl
1 dl/100 ml Rahm/Sahne
50 g Frischkäse
1 TL Zucker
Peperonciniöl, Seite 24
Salz**

1 Die Peperoni halbieren, Stielansatz, Kerne und weiße Scheidewände entfernen, die Schotenhälften mit dem Sparschäler schälen und zerkleinern.

2 Alle Zutaten mit dem Stabmixer/Zauberstab mixen/pürieren, durch ein Spitzsieb passieren.

3 Peperonimasse in eine Siphonflasche/einen Rahmbläser von ½ l Inhalt füllen, 1 NO_2-Patrone laden. Die Flasche einige Stunden in den Kühlschrank stellen.

Serviervorschlag
Den Peperonischaum in Peperonihälften spritzen, mit einem bunten Salat servieren.

Tipp
Der Peperonischaum eignet sich auch als Dip für Gemüsestäbchen.

Zitrusfruchtöl (Orangen, Mandarinen, Grapefruit)
Die Oliven werden mit 10 % ganzen Orangen zu Öl gepresst. Nach gleichem Verfahren werden auch Mandarinen- und Grapefruitöl hergestellt. Als Ersatz eignet sich Olivenöl, das mit Zitrusfruchtsaft aromatisiert wird.

Grüne Spargel-Chartreuse mit *Mandarinenschaum*

für 4 Personen

1 kg grüner Spargel
6 dl/600 ml Wasser
1 TL Zucker
1 TL Salz
1 EL Mandarinenöl
weiche Butter
Salz
frisch gemahlener Pfeffer
4 Gelatineblätter,
in Wasser eingeweicht
Hibiscusbalsamico oder
Balsamico
Balsamicocreme

Mandarinenschaum
1 großes Ei
1 dl/100 ml Mandarinensaft
½ Zitrone, Saft
1 dl/100 ml Rahm/Sahne
½ TL Salz
½ TL Zitronenpfeffer
1 dl/100 ml Traubenkernöl oder Olivenöl extra vergine
1 dl/100 ml Mandarinenöl, Seite 33

1. Die Spargelköpfe 7 bis 8 cm lang abschneiden. Unteres Drittel der Spargelstangen schälen, die Schnittstelle kürzen, Spargelstangen in 2 cm lange Stücke schneiden. Wasser, Zucker und Salz erhitzen, Spargelstücke und Spargelspitzen zugeben, aufkochen, Spargelspitzen bei schwacher Hitze 3 bis 4 Minuten kochen, herausnehmen, mit kaltem Wasser abschrecken, Spargelstücke weitere 4 Minuten kochen, abgießen, das Kochwasser auffangen.

2. Spargelstücke mit wenig Kochwasser und Mandarinenöl mit dem Stabmixer/dem Zauberstab pürieren, durch ein grobes Sieb streichen. 4 EL Spargelpüree zur Seite stellen.

3. Vier Portionenformen von 6 cm Durchmesser großzügig mit weicher Butter einfetten. Die Spargelspitzen an die Wände kleben.

4. Das Spargelpüree mit dem Spargelkochwasser auf 200 g ergänzen, aufkochen, mit Salz und Pfeffer abschmecken. Eingeweichte Gelatine unterrühren, ein wenig abkühlen lassen, zu den Spargelspitzen gießen. Kühl stellen.

5. Für den Mandarinenschaum Ei, Mandarinen- und Zitronensaft und Rahm in ein hohes Gefäß geben. Mit dem Stabmixer/Zauberstab schaumig rühren. Würzen. Traubenkernöl und Mandarinenöl bei laufendem Mixer nach und nach zugeben. Abschmecken. Durch ein feines Haarsieb passieren. Masse in eine Siphonflasche/einen Rahmbläser von ½ l füllen. 2 NO_2-Patronen laden.

6. Je 1 EL Spargelpüree in die Mitte der Teller geben. Je einen Kreis Hibiscusbalsamico und Balsamicocreme um das Spargelpüree ziehen. Die Spargel-Chartreuse aus der Form stürzen, auf den Saucenspiegel setzen. Den Mandarinenschaum in die Mitte spritzen. Vorsichtig servieren.

Meerrettichschaum

im Gurkenbecher mit Räucherlachs

für 8 Personen

1 Salatgurke
350 g Räucherlachs,
in Scheiben
Kräuter, Sprossen, Blüten,
verschiedenfarbige
Fleur de sel
Balsamicocreme

Meerrettichschaum
3½ dl/350 ml Wasser
1 Prise Zitronenpfeffer
1 TL (8 g) Salz
1 TL (8 g) Zucker
40 g frisch geriebener
Meerrettich
2 dl/200 ml Rahm/Sahne
2 Gelatineblätter,
in Wasser eingeweicht
1 Spritzer Zitronensaft

1 Salatgurke schälen und auf der Aufschnittmaschine oder mit dem Gemüsehobel in 8 lange Scheiben schneiden. Gurkenscheiben im Salzwasser 1 Minute sprudelnd kochen. Abgießen. Im Eiswasser (Wasser mit Eiswürfeln) kalt abschrecken. Auf Küchenpapier trocknen lassen.

2 Für den Meerrettichschaum Wasser, Zitronenpfeffer, Salz und Zucker aufkochen, Meerrettich und Rahm zugeben, nochmals erhitzen, 5 Minuten ziehen lassen. Durch ein Spitzsieb passieren. Die Gelatine unterrühren, mit Zitronensaft abschmecken. Meerrettichrahm im Eiswasser unter Rühren abkühlen lassen.

3 Den Meerrettichrahm in eine Siphonflasche/einen Rahmbläser von ½ l Inhalt füllen. 1 NO_2-Patrone laden.

4 Die Gurkenscheiben aufrollen (siehe Bild), auf Teller legen. Lachs dazulegen. Mit Kräutern, Sprossen, Blüten, Fleur de sel und Balsamicocreme garnieren. Meerrettich-Schaum in die Gurken spritzen.

Variante
Nur ½ dl/50 ml Rahm und 1½ dl/150 ml Wasser nehmen.
Der Meerrettichschaum wird so luftiger, er fällt aber auch rascher zusammen. Siehe falsches Bier Seite 18.

Blaue Stampfkartoffeln mit Milchkaffeeschaum

für 4 Personen

Blaue Stampfkartoffeln
250 g blaue Kartoffeln
1 EL Butter
Fleur de sel

Milchkaffeeschaum
1 dl/100 ml Milch
1 Espresso
4–5 Eiswürfel

1. Die Kartoffeln in der Schale im Dampf weich kochen, heiß schälen, mit einer Gabel zerdrücken, mit der Butter verfeinern. Warm stellen.

2. Für den Milchkaffeeschaum Milch und Espresso in einen Topf geben und erhitzen. Eiswürfel zugeben.

3. Milchkaffee mit dem Stabmixer/mit dem Zauberstab aufschäumen. Nochmals erhitzen und aufschäumen. Ein zweimaliges Aufschäumen macht den Schaum stabiler und er fällt weniger schnell zusammen.

4. Die blauen Stampfkartoffeln auf Eierbecher verteilen, mit Fleur de sel würzen, mit dem Milchkaffeeschaum garnieren.

Rucolamousse

mit geräucherter Gänsebrust

für 8 Personen

**8 Scheiben Toastbrot,
leicht gebräunt
100 g geräucherte
Gänsebrust,
in feinen Scheiben
Rucola, essbare Blüten,
Fleur de sel und
Balsamicocreme
für die Garnitur**

**120 g Rucola
6 g Hühnerbrühepaste oder
gekörnte Hühnerbrühe
oder
1 TL (5 g) Salz
½ dl/50 ml Wasser
3 Gelatineblätter,
in Wasser eingeweicht
3½ dl/350 ml Rahm/Sahne
frisch gemahlener Pfeffer
1 Spritzer Zitronensaft
1 EL Baumnuss-/Walnussöl**

1 Rucola fein schneiden, im Mixerglas fein pürieren.

2 Hühnerbrühepaste im kochenden Wasser auflösen, Gelatine unterrühren, ein wenig auskühlen lassen.

3 Rahm steif schlagen, Rucolapüree unterrühren, lauwarme Gelatinebrühe unterrühren, abschmecken mi Pfeffer, Zitronensaft und Nussöl. Sofort in eine Schüssel umfüllen. In den Kühlschrank stellen.

4 Toastscheiben auf die Teller legen, mit den geräucherten Gänsebrustscheiben belegen. Von der Rucolamousse mit dem Eisportionierer 4 Kugeln abstechen, auf die Gänsebrust setzen. Mit Rucola, Fleur de sel, Balsamicocreme und Blütenblättern garnieren.

Baumnuss-/Walnussöl
Es gibt der Mousse den harmonischen Kick!

Lauwarmer Pilzcocktail mit
Trüffel-Zabaione

für 4 Personen

Pilzcocktail
1 EL Olivenöl extra vergine
250 g gemischte Pilze
½ EL in Öl eingelegte Schalotten
½ dl/50 ml Weißwein
4 zarte Eisbergsalatblätter, fein geschnitten

Trüffel-Zabaione
2 Eigelbe
2 EL Trüffelsaft
2 EL Rahm/Sahne
2 EL Weißwein
einige Tropfen Trüffelöl

1. Für den Pilzcocktail die Pilze putzen und in mundgerechte Stücke schneiden, im Olivenöl anbraten, in Öl eingelegte Schalotten zugeben, mit dem Weißwein ablöschen, 30 Sekunden köcheln lassen, von der Wärmequelle nehmen, zugedeckt ein wenig auskühlen lassen. Eisbergsalatstreifen untermischen, in die Gläser verteilen.

2. Für die Trüffel-Zabaione Eigelbe, Trüffelsaft, Rahm und Weißwein in einer kleinen Schüssel über dem kochenden Wasserbad zu einer cremigen Masse aufschlagen, Trüffelöl unterrühren. Zabaionemasse durch ein feines Haarsieb passieren und in eine Siphonflasche/in einen Rahmbläser von ½ l Inhalt füllen. 2 NO_2-Patronen laden. Siphonflasche bis zum Gebrauch im heißen Wasser warm stellen. Ab und zu kräftig schütteln.

3. Die Zabaione auf die Pilze spritzen. Nach Belieben frische Trüffeln darüberhobeln. Mit Blätterteigstangen servieren.

In Öl eingelegte Schalotten/Zwiebeln

Sie dürfen in meiner Küche nicht fehlen, sind sie doch unentbehrliche Geschmacksträger und Geschmacksverbesserer. Sie können im Kühlschrank problemlos 3–4 Wochen aufbewahrt werden. Für das Einlegen ist das relativ geschmacksneutrale Erdnussöl ideal. 200 g Schalotten oder 2 mittelgroße Zwiebeln schälen und sehr fein würfeln. Mit 1½ dl/150 ml Erdnussöl in einem kleinen Kochtopf unter häufigem Rühren mit einem Holzlöffel 10 Minuten bei schwacher Hitze dünsten. Auskühlen lassen. In ein Glas mit Schraubverschluss füllen. Im Kühlschrank aufbewahren.

Grüne Spargelmousse

für 6 Personen

350 g grüner Spargel
3 dl/300 ml Wasser
½ TL Zucker
½ TL Salz
1 EL Mandarinenöl
2 Gelatineblätter, in Wasser eingeweicht
1 dl/100 ml Rahm/Sahne

12 Scheiben Rohschinken, in Streifen

1 Die Spargelköpfe 4 cm lang abschneiden. Das untere Drittel der Spargelstangen schälen, die Schnittstelle kürzen, die Stangen in 1 cm lange Stücke schneiden.

2 Wasser, Zucker und Salz aufkochen, Spargelstücke und Spargelspitzen zugeben, aufkochen, Spargelspitzen bei schwacher Hitze 3 bis 4 Minuten kochen, herausnehmen, mit kaltem Wasser abschrecken. Spargelstücke weitere 4 bis 5 Minuten kochen, abgießen und fein mixen. Mandarinenöl und Gelatine unter das Spargelpüree rühren, auf Eiswasser (Wasser mit Eiswürfeln) unter Rühren abkühlen lassen. Rahm steifschlagen, unterziehen.

3 Die Spargelmousse auf Cocktailgläser verteilen, kühl stellen. Mit den Spargelspitzen und dem Rohschinken garnieren.

Zum Rezept

Ich habe die Mousse während des Umbaus meines Restaurants kreiert. Das Kochen hat mir in dieser Zeit sehr gefehlt. Da kam der Telefonanruf von Roberto, einem befreundetem Restaurateur einer Edelpizzeria, wie gelegen: «Thuri, ich brauche ein Rezept für eine Spargelmousse, die so genial wie deine Erdbeermousse ist!» Im Klartext hieß dies: die Mousse musste einfach und schnell zubereitet, mindestens eine Woche haltbar und geschmacklich eine Bombe sein.

Grüner Spargel

Knackiger, zarter Spargel braucht in der Regel nicht geschält zu werden. In diesem Rezept erspart das Schälen jedoch das Passieren durch ein Haarsieb, um die langen Fasern aufzufangen.

Mandarinenöl

Olivenöl mit etwa 10 % Mandarinenanteil von mitgepressten Mandarinen. Als Ersatz eignet sich Olivenöl, das mit Mandarinensaft aromatisiert wird.

Hauptgerichte

Zandermousse-Gugelhupf
mit Bärlauchschaum

für 4 Personen

für 4 Portionen-Gugelhupfförmchen

**Gemischtes, knackig gekochtes Gemüse
schwarzes Hawaii-Meersalz oder Meersalz, nach Belieben**

**250 g Zanderfilets
1½ TL (10 g Salz)
frisch gemahlener Pfeffer
2½ dl/250 ml Rahm/Sahne
4 Msp Safranpulver
1 EL Pastis (Anisschnaps)**

weiche Butter für die Form

Bärlauchschaum, Seite 20

1 Den Aufsatz des Cutters in den Tiefkühler stellen.

2 Gugelhupfförmchen großzügig mit der weichen Butter einfetten.

3 Die Zanderfilets auf Gräten kontrollieren, in Würfel schneiden. Fischwürfel auf einen flachen Teller legen, 10 bis 15 Minuten in den Tiefkühler legen.

4 Den Cutteraufsatz aufsetzen. Fischwürfel mit Salz und Pfeffer leicht würzen, im Cutter pürieren, nach 30 Sekunden bei laufendem Cutter den Rahm nach und nach zugeben. Wichtig: Die Maschine soll nur so lange wie absolut notwendig laufen. Wenn die Farce zu lange gemixt wird, besteht die Gefahr, dass sich der Fisch und der Rahm scheiden. Die Fischreste mit einem Gummischaber nach unten stoßen, damit sich der Inhalt gut mischen kann.

5 Die Hälfte der Farce mit Pastis und Safran (für die gelbe Farbe) mischen.

6 Zuerst die ungefärbte, dann die gefärbte Farce in die eingefetteten Gugelhupfförmchen füllen.

7 Die Portionenförmchen 12 Minuten bei 85 °C im Steamer oder 25 Minuten bei 220 °C im Wasserbad im Ofen pochieren.

8 Den Zandergugelhupf auf vorgewärmte Teller stürzen, mit dem knackig gegarten Gemüse umgeben, den Bärlauchschaum in die Gugelhupfmitte spritzen, mit schwarzem Pfeffer garnieren.

Speckschaum

im Brotring, mit Bärlauch und Morcheln

für 8 Personen

500 g junger Bärlauch oder Blattspinat, evtl. rotstieliger Spinat
Butter
50 g frische oder 20 g getrocknete Morcheln
1 EL in Öl eingelegte Schalotten, Seite 42
Salz
frisch gemahlener Pfeffer

Brotringe
1 Vollkorntoastbrot
flüssige Butter

8 Porzellanformen von 7½ cm Innendurchmesser oder 8 Ausstechringe von 8 cm Durchmesser

Speckschaum
100 g Butter
100 g Schalotten, fein gewürfelt
200 g Scheiben geräucherter Speck, in Streifen
Fleur de sel
frisch gemahlener Pfeffer
1 dl/100 ml Weißwein
3 dl/300 ml Wasser
4 dl/400 ml Rahm/Sahne

1 Getrocknete Morcheln in lauwarmem Wasser mindestens eine Stunde einweichen. Die Morcheln herausnehmen und mit der Hand leicht auspressen. Die Morcheln der Länge nach halbieren und unter fließendem Wasser vom Sand befreien.

2 Den Bärlauch oder den Spinat im Dampf zusammenfallen lassen.

3 Für den Brotring das Toastbrot auf eine Länge von 26 cm und eine Breite von 7 cm schneiden, die Brotrinde entfernen. Das Brot mit der Aufschnittmaschine oder von Hand längs in 4 bis 5 mm dicke Scheiben schneiden. Beidseitig mit flüssiger Butter bepinseln, kurz einziehen lassen. Vorsichtig in die Porzellanformen oder in die Ausstechringe legen, im vorgeheizten Ofen bei 220 °C etwa 10 Minuten backen. Bei zu viel Hitze mit Alufolie abdecken.

4 Für den Speckschaum Schalotten und Speck in der Butter 10 Minuten bei schwacher Hitze dünsten, gleich zu Beginn mit Fleur de sel und Pfeffer würzen, mit dem Weißwein ablöschen, ganz einkochen lassen (es darf keine Flüssigkeit übrig bleiben, sonst wird der Schaum zu sauer), das Wasser beifügen, auf die Hälfte einkochen lassen, den Rahm beifügen, 5 Minuten köcheln, durch ein großlöchriges Sieb passieren. Wenn die Masse ausgeflockt ist, kurz mixen. Wieder zurück in den Topf geben und wenn nötig auf 500 g einkochen lassen. Jetzt durch das feine Haarsieb passieren. Masse in die Siphonflasche/den Rahmbläser füllen. 2 NO_2-Patronen laden.

5 Morcheln mit den Schalotten bei starker Hitze kurz dünsten. Warm stellen. Bärlauch mit wenig Butter in der gleichen Pfanne erwärmen.

6 Den Brotring auf vorgewärmte Teller stellen, mit dem Bärlauch und den Morcheln umgeben. Speckschaum in den Brotring spritzen.

Kartoffelschaum

in der blauen Kartoffel

für 8 Personen

8 große blaue Kartoffeln
250 g gemischte Zuchtpilze
2 EL Olivenöl extra vergine

Hackfleisch
150 g gehacktes Rindfleisch
150 g gehacktes Schweinefleisch
1 EL Olivenöl extra vergine
½ TL milde Currymischung
feines Meersalz
frisch gemahlener Pfeffer
1 EL Mehl
2 dl/200 ml Weißwein
2 dl/200 ml Gemüsebrühe
2 EL in Öl eingelegte Schalotten, Seite 42
Knoblauchzehe, durchgepresst
1 Prise getrockneter Thymian

Kartoffelschaum
250 g mehlig kochende Kartoffeln
1 dl/100 ml Rahm/Sahne
2 dl/200 ml Kartoffelkochwasser
50 g Butter

1. Das Hackfleisch mit dem Olivenöl in eine große, rauchendheiße Bratpfanne geben und unter ständigem Rühren anbraten, mit Curry, Salz und Pfeffer würzen, zerfallenes Fleisch mit Mehl bestäuben. Sobald sich das Fleisch vom Pfannenboden löst, mit dem Weißwein ablöschen, mit der Brühe auffüllen, Schalotten, Knoblauch und Thymian zugeben, bei schwacher Hitze 20 bis 30 Minuten kochen.

2. Die großen blauen Kartoffeln im Dampf weichkochen, warm stellen.

3. Für den Kartoffelschaum die Kartoffeln schälen und klein würfeln, im Salzwasser 20 bis 25 Minuten köcheln, abgießen, das Kochwasser auffangen. Alle Zutaten in einen Mixbecher geben und mit dem Stabmixer nur kurz fein pürieren (sonst wird das Kartoffelpüree leimig) und durch ein feines Sieb passieren. Kartoffelpüree in eine Siphonflasche/einen Rahmbläser von ½ l Inhalt füllen. 2 NO_2-Patronen laden. Im heißen Wasser warmhalten.

4. Die Pilze würzen und im Olivenöl braten.

5. Den blauen Kartoffeln einen Deckel abschneiden, die Kartoffeln aushöhlen. Ausgehöhltes Kartoffelfleisch warm stellen.

6. Ausgehöhlte Kartoffeln auf vorgewärmte Teller legen. Hackfleisch und Pilze rund um die Kartoffel anrichten, das ausgehöhlte Kartoffelfleisch darauflegen. Kartoffelschaum in die Kartoffeln spritzen. Sofort servieren.

Carbonaraschaum

im Kräuter-Spaghetti-Nest

für 8 Personen

600 g Spaghetti
1 EL Butter
1 EL Olivenöl extra vergine
3 EL gehackte Kräuter

Carbonaraschaum
100 g Butter
100 g Schalotten, fein gewürfelt
50 g geräucherte Speckscheiben, in Streifen
150 g Schinkenabschnitte mit Schwarte, klein gewürfelt
Fleur de sel
frisch gemahlener Pfeffer
1½ dl/150 ml Weißwein
3 dl/300 ml Wasser
4 dl/400 ml Rahm/Sahne
50 g frisch geriebener Parmesan

1. Schalotten, Speck und Schinken in der Butter 10 Minuten bei schwacher Hitze dünsten, mit Fleur de sel und Pfeffer würzen, mit dem Weißwein ablöschen, die Flüssigkeit vollständig einkochen lassen (es darf keine Flüssigkeit übrigbleiben; sie macht den Schaum zu sauer!). Das Wasser beifügen und zur Hälfte einkochen lassen. Den Rahm beigeben, 5 Minuten köcheln lassen. Den Parmesan unterrühren, kurz ziehen lassen. Die Masse durch ein groblöchriges Sieb passieren. Kurz mixen. Wenn die Masse ausflockt in die Pfanne zurückgeben und auf ½ l einkochen lassen. Masse durch ein feines Haarsieb passieren. In eine Siphonflasche/in einen Rahmbläser füllen. 2 NO_2-Patronen laden.

2. Die Spaghetti in reichlich Salzwasser al dente kochen, abgießen. Butter, Olivenöl und Kräuter mit den Spaghetti vermengen, nestförmig in vorgewärmten Tellern anrichten. Carbonaraschaum großzügig einfüllen.

Tipp

Wenn Schaum übrigbleibt, kann man die Siphonflasche/den Rahmbläser in kaltes Wasser oder in Eiswasser stellen. Der Schaum ist im Kühlschrank mindestens eine Woche haltbar! Für den erneuten Gebrauch einfach ins heiße Wasser stellen und ab und zu kräftig schütteln.

Desserts

Karottenschaum
mit Ingwer

für 8 Personen

Karottenschaum
60 g Zucker
¼ dl/25 ml Wasser
½ dl/50 ml Rahm/Sahne
1 nussgroßes Stück Ingwer, fein gerieben
2 Gelatineblätter, in Wasser eingeweicht
1¾ dl/175 ml (175 g) Karottensaft
(400 g Karotten für selbstgepressten Saft)
¼ dl/25 ml Zitronensaft
½ dl/50 ml Orangensaft

Körbchen
50 g Eiweiß
0,3 dl/30 ml Milch
25 g flüssige Butter
65 g Puderzucker
65 g Weißmehl
wenig abgeriebene Orangen- und Zitronenschale

1 Den Backofen auf 220 °C vorheizen.

2 Für den Teig Eiweiß, Milch und Butter verquirlen, Puderzucker und Mehl mit dem Schneebesen unterrühren, mit den Zitrusfruchtschalen abschmecken. Vom Teig mit einem Pinsel etwa 16 cm große Rondellen auf einem gut eingefetteten beschichteten Blech ausstreichen. Im vorgeheizten Ofen bei 220 °C 4 bis 6 Minuten goldgelb backen. Sofort aus dem Ofen nehmen und in Tassen legen.

3 Für den Karottenschaum Zucker, Wasser, Rahm und Ingwer aufkochen. Topf von der Wärmequelle nehmen. Gelatine, Karotten- und Fruchtsäfte unterrühren, den Topfinhalt durch ein feines Haarsieb passieren. Die Karottenmasse auf Eiswasser unter ständigem Rühren abkühlen lassen.

4 Die Karottenmasse in eine Siphonflasche/in einen Rahmbläser von ½ l Inhalt füllen. 2 NO$_2$-Patronen laden.

5 Karottenschaum in die Körbchen spritzen.

Varianten
Den Karottenschaum mit einem Karottensorbet servieren.

Bananenschaum

in der Schokobanane

für 8 Personen

4 Bananen
geschmolzene dunkle Kuvertüre oder Zartbitter-Schokolade
50 g geschälte, gehackte Mandeln
Puderzucker

Bananenschaum
300 g Bananen
100 g Zucker
½ dl/50 ml Zitronensaft
1½ dl/150 ml Rahm/Sahne

1. Die Bananen längs halbieren, Fruchthälften aus der Schale nehmen. Die Schale mit der flüssigen Kuvertüre einpinseln. Bei rascher Verwendung 3 Minuten in den Tiefkühler legen. Nun die Bananenschale vorsichtig entfernen. So bekommt man einen Hohlkörper. Hohlkörper nach Belieben nochmals mit flüssiger Kuvertüre einpinseln.

2. Die Bananen zerkleinern, mit Zucker, Zitronensaft und Rahm mit dem Stabmixer/Zauberstab pürieren, die Bananenmasse durch das Spitzsieb passieren. 500 g in eine Siphonflasche/einen Rahmbläser von ½ l Inhalt füllen. 2 NO_2-Patronen laden.

3. Je eine halbierte Bananenschale und einen Hohlkörper auf einen Teller legen, den Bananenschaum in die Bananenschale spritzen, mit Puderzucker und gehackten Mandeln garnieren.

Erdbeermousse

mit Beerengrütze

für 8 Personen

Beerengrütze
50 g Zucker
1 dl/100 ml Rotwein
250 g gemischte Beeren, je nach Saison
½ Orange, Saft
½ TL Maisstärke

Erdbeermousse
100 g Zucker
2 dl/200 ml Erdbeermark (frische Erdbeeren pürieren und durch ein Haarsieb passieren)
2 Gelatineblätter, in Wasser eingeweicht
½ Zitrone, Saft
2½ dl/250 ml Rahm/Sahne, steif geschlagen

1 Für die Beerengrütze den Orangensaft mit der Maisstärke glattrühren. Zucker und Rotwein aufkochen, Beeren und Orangensaftgemisch zugeben, bei schwacher Hitze 3 Minuten köcheln, in einer Schüssel auskühlen lassen.

2 Für die Mousse Zucker und ½ dl/50 ml Erdbeermark erhitzen, bis sich der Zucker aufgelöst hat, die Gelatine unterrühren. Das restliche Erdbeermark und den Zitronensaft unter den Schlagrahm ziehen, das lauwarme Gelatinegemisch unterrühren, sofort in Glasschalen oder in Gläser füllen. Kühl stellen.

3 Die Beerengrütze auf die Mousse verteilen oder separat servieren.

Desserts

Himbeerschaum

mit gemischten Beeren

für 8 Personen

frische Beeren

Himbeerschaum
450 g gesüßtes Himbeermark (frische Himbeeren pürieren und durch ein Haarsieb passieren und süßen)
2 EL Himbeergeist
2 Gelatineblätter, in Wasser eingeweicht

1 Das gesüßte Himbeermark leicht erwärmen, Himbeergeist zugeben, die Gelatine unterrühren. Die Masse durch ein feines Haarsieb passieren.

2 Die Himbeermasse in eine Siphonflasche/einen Rahmbläser von ½ l Inhalt füllen. 2 NO_2-Patronen laden. Mindestens 4 Stunden kühl stellen. Vor Gebrauch gut schütteln.

3 Die Beeren in große Gläser verteilen, den Himbeerschaum daraufspritzen.

Maronischaum

mit Sauerkirschen und Meringue

für 8 Personen

**8 Meringues (Eiweiß-
schaumgebäck)
8 EL Schlagrahm/-sahne
aromatisiert mit
Vanillemark und
wenig Zucker
8 EL Sauerkirschen
Schokoladenpulver**

**Maronischaum
175 g Maronipüree
2 dl/200 ml Rahm/Sahne
1 dl/100 ml Milch
40 g Zucker
Kirsch nach Belieben**

1 Zutaten für den Maronischaum gut verrühren, in eine Siphonflasche/einen Rahmbläser von ½ l Inhalt füllen. 1 NO_2-Patrone laden. Einige Stunden kühl stellen.

2 Vanillerahm in bauchige Gläser füllen, Meringue/Eiweißschaumgebäck darüber grob zerbröckeln, Sauerkirschen daraufgeben. Maronischaum daraufspritzen. Mit Schokoladenpulver bestäuben.

Orangenschaum

auf Orangenfilets und Limettensorbet

für 8 Personen

8 Orangen
1 EL Zucker
1 EL Orangenöl,
nach Belieben
1 EL Grand Marnier
1 unbehandelte Orange,
abgeriebene Schale

8 Kugeln Limetten-
oder Zitronensorbet

Orangenschaum
8 Eigelbe (150 g)
2 dl/200 ml Orangensaft
0,6 dl/60 ml Zitronensaft
50 g Zucker
½ dl/50 ml Grand Marnier

1 Die Eigelbe in einen Topf geben.

2 Orangen- und Zitronensaft, Zucker und Grand Marnier zum Eigelb geben.

3 Die Masse unter ständigem Rühren auf etwa 60 °C erwärmen.

4 Die Masse durch ein feines Haarsieb in eine Siphonflasche/einen Rahmbläser von ½ l Inhalt passieren.

5 2 NO_2-Patronen laden. Die Siphonflasche/den Rahmbläser bis zum Gebrauch in heißem Wasser warm stellen.

6 Die Orangen großzügig schälen und auch die weiße Haut entfernen. Die Fruchtfilets aus den Trennhäutchen schneiden und entkernen. Für die Marinade Zucker, Orangenöl, Grand Marnier und abgeriebene Orangenschalen verrühren, über die Orangenfilets verteilen. 15 Minuten marinieren.

7 Die Orangenfilets in bauchige Gläser füllen. Je eine Kugel Limettensorbet daraufgeben. Den Orangenschaum daraufspritzen.

Klassische Schokomousse

für 8 Personen

**4 Birnen, Gute Luise
1 dl/100 ml Zitronen-
verbenensirup oder
beliebiger Sirup
1 dl/100 ml Wasser**

**Schokomousse
2 Eier
75 g Zucker
1 Espresso
125 g helle oder dunkle
oder Vanille-Kuvertüre
3¾ dl/375 ml Rahm/Sahne**

1. Kuvertüre in Stücke schneiden und in eine Schüssel geben.
2. 2–3 EL Wasser zur Schokolade geben und diese über dem kochenden Wasserbad schmelzen.
3. Eier, Zucker und Espresso über dem kochenden Wasserbad luftig aufschlagen.
4. Eiermasse im kalten Wasser (einige Eiswürfel zugeben) kalt schlagen.
5. Die geschmolzene Kuvertüre unterrühren.
6. Den Rahm steif schlagen und unterziehen.
7. Die Schokomousse mindestens einen Tag kühl stellen.
8. Die Birnen schälen und halbieren, das Kerngehäuse mit einem Kugelausstecher ausstechen. Den Zitronenverbenensirup mit dem Wasser in einem weiten Topf aufkochen, die Birnenhälften hineinlegen, bei schwacher Hitze weichkochen.
9. Die Teller nach Belieben mit Fruchtgelees und Schokolade garnieren, die Birnenhälften darauflegen, mit der Schokomousse füllen.

Schokomousse

Es gibt viele Rezepte. Man könnte sie auch als Schaum zubereiten. Diese Mousse schmeckt am zweiten oder dritten Tag am besten. Man kann sie auch in einem Körbchen, Seite 58, servieren.

Desserts

68 | 69

Passionsfruchtmousse
mit exotischen Früchten

für 8 Personen

**8–10 Passionsfrüchte
oder
250 g Passionsfruchtmark
175 g Zucker
1 EL Zitronensaft
3½ Gelatineblätter,
in Wasser eingeweicht
½ l Rahm/Sahne**

**exotische Früchte
nach Wahl**

1 Passionsfrüchte halbieren, das Fruchtmark auskratzen und durch ein grobes Sieb passieren. Ein paar Kerne wieder zum Püree geben. Das Püree muss möglicherweise mit Orangensaft ergänzt werden, damit man 250 g erhält.

2 100 g Passionsfruchtmark mit dem Zucker in einem Topf erhitzen, bis sich der Zucker aufgelöst hat, die Gelatine unterrühren.

3 Den Rahm steif schlagen. Zitronensaft und restliches Passionsfruchtmark unter den Schlagrahm ziehen. Unter stetigem Rühren das lauwarme Passionsfruchtpüree unterheben. Sofort in eine Glasschale füllen. Kühl stellen.

4 Die exotischen Früchte auf die Teller verteilen, von der Passionsfruchtmousse mit einem Esslöffel Klöße/Nocken abstechen und anrichten.

Rhabarbermousse

für 8 Personen

400 g Rhabarberwürfelchen
200 g Erdbeerkonfitüre
100 g Erdbeerwürfelchen
2 große Eier
125 g Zucker
4 Gelatineblätter,
in Wasser eingeweicht
½ l Rahm/Sahne

Rhabarberpüree
für die Garnitur
Erdbeeren für die Garnitur

1 Rhabarber, Erdbeerkonfitüre und frische Erdbeeren bei schwacher Hitze auf 500 g einkochen lassen.

2 Eier und Zucker mit dem Stabmixer/Zauberstab kurz rühren, 400 g heißes Rhabarber-Erdbeer-Püree beifügen, weiterrühren, bis die Mousse erkaltet und luftig ist. Die Gelatine im restlichen Fruchtpüree auflösen. Den Rahm steif schlagen und unterziehen. Das lauwarme Gelatine-Fruchtpüree unter ständigem Rühren unterheben. Sofort in Glasschalen oder in Gläser füllen. Kühl stellen. Klassisch mit Erdbeeren garnieren oder Rhabarbermark über die Erdbeeren verteilen.

Register

A
Aroma 8

B
Banane 60
Bärlauch 20, 48, 50
Beerengrütze 62
Bier 18, 36
Birne 30, 68
Blattspinat 50

C
Costa Brava 8

E
Eiweiß 8, 18, 24, 30, 58
Erdbeere 44, 62, 71
Espuma 8

F
Ferran, Adrià 8, 10
Festigkeit 10
Feststoffe 10
Fett 8
Fisch 32, 36, 48
Fleisch 40, 52

G
Gebäck 58
Geschmacksspektrum 10

Getränke 14, 15
Grand Marnier 66
Gurke 36

H
Haltbarkeit 10
Himbeere 64

I
Ingwer 58
iSi 8, 10

K
Karotte 58
Kartoffel 10, 20, 22, 27, 38, 52
Käse, Frisch- 33
Kisag 8
Konsistenz 8, 10
Kräuter 8, 36, 54
Kühlzeit 8

L
Lagerung 10
Limette 14, 66

M
Mandel 60
Maroni 64
Meerrettich 18, 36

Meringue 65
Mineralstoffe 8
Minze 15
Mousse, Erdbeer- 62
Mousse, Fisch- 48
Mousse, Passionsfrucht- 70
Mousse, Rhabarber- 70
Mousse, Rucola- 40
Mousse, Schoko- 68
Mousse, Spargel- 44

O
Öl 10
Öl, Mandarinen- 34, 44
Öl, Orangen- 33, 66
Öl, Peperoncini- 24
Orange 33, 58, 62, 66, 70

P
Parmesan 30, 54
Passieren 10, 44
Passionsfrucht 70
Pilze 26, 27, 42, 50, 52

R
Rahm-/Sahnekapseln 8
Roquefort 30
Rosenblüten 14
Rosenblütensirup 14
Rucola 40

S

Sauce 10
Siphonflasche 10
Sauerkirsche 65
Sauerkraut 18
Schalotte 26, 42, 50, 52, 54
Schalotten, in Öl 42
Schaum, warmer 10
Schaum, Bananen- 60
Schaum, Bärlauch- 20, 48
Schaum, Fisch- 32
Schaum, Himbeer- 64
Schaum, Kaffee- 38
Schaum, Karotten- 58
Schaum, Kartoffel- 52
Schaum, Käse- 30
Schaum, Mandarinen- 34
Schaum, Maroni- 64
Schaum, Meerrettich- 18
Schaum, Minze- 15
Schaum, Orangen- 66
Schaum, Paprika- 33
Schaum, Peperoni- 33
Schaum, Pilz- 26, 42
Schaum, Rosenblüten- 14
Schaum, Schinken- 54
Schaum, Sellerie- 27
Schaum, Spargel- 22
Schaum, Speck- 50
Schaum, Tomaten- 24

Schaumfestigkeit 10
Schinken 44, 54
Schokolade 60, 68
Sellerie, Knollen- 27
Spaghetti 54
Spargel 22, 34, 44
Speck 50, 54
Spinat 50
Stabilität 10
Stärke 8, 10
Suppe 10

T

Tomate 24

V

Vitamine 8

Z

Zitronengras 18